ESSENTIAL ELEMENTS
para banda

MÉTODO DE BANDA COMPRENSIVO

TIM LAUTZENHEISER • JOHN HIGGINS • CHARLES MENGHINI
PAUL LAVENDER • TOM C. RHODES • DON BIERSCHENK
Traducido al español por Sara Denlinger

Banda es...

Manifestando arte musical con una familia de amistades
Utilizando nuestra dedicación para crear éxito
Superarse a través de las alegría en trabajar unidos
Individuos expresándose en un idioma universal
Creatividad - expresándote en un idioma universal
Actualizando la unión de varias personas y culturas

Banda es...**MÚSICA!**

¡A Tocar la música!
Tim Lautzenheiser

HISTORIA DE LA BARÍTONO

Los orígenes del barítono se remontan a la antigua Roma, donde los instrumentos de bronce y latón llamados "tubas" a menudo se utilizaban en funciones militares y ceremoniales. El cuerno barítono, también conocido como tuba tenor, apareció por primera vez en Alemania en la década de 1830. Es la versión final del "saxhorn baryton" de Adolphe Sax.

El euphonio, estrechamente relacionado con el barítono, también fue inventado en la década de 1830. El tubo del euphonio es más ancho (con forma más cónica) que el tubo cilíndrico del barítono. Ambos instrumentos tienen 3 o 4 válvulas y tocan las mismas alturas de nota.

Los barítonos y euphonios se pueden tocar usando tanto la clave de fa (B.C.) como la clave de sol (T.C.). Son instrumentos importantes con registro tenor o bajo en la banda de concierto. Los barítonos tocan solos y armonías, y se integran bien con otros instrumentos.

John Philip Sousa, Percy Grainger y Alfred Reed son compositores importantes que han incluido barítonos en sus composiciones para banda de concierto. Algunos intérpretes famosos de barítono son Leonard Falcone, Brian Bowman y Rich Matteson.

Para crear una cuenta, visite:
www.essentialelementsinteractive.com

Codigo de activacion de estudiante
E1BT-ES62-0311-6219

ISBN 979-835015937-0

LO BÁSICO

Postura

Siéntate en el borde de tu silla y manten siempre tu:

- Columna vertebral recta y alta
- Hombros hacia atrás y relajado
- Pies apoyados en el suelo

Respiración y corriente de aire

Respirar es algo natural que todos hacemos constantemente. Para descubrir la corriente de aire correcta para tocar su instrumento:

- Coloca la palma de tu mano cerca de tu boca.
- Inhala profundamente por las comisuras de la boca, manteniendo los hombros firmes. Tu cintura debe expandirse como un globo.
- Susurra lentamente "ta" mientras exhalas gradualmente aire en la palma de tu mano.

El aire que sientes es la corriente de aire. Produce sonido a través del instrumento. La lengua es como un grifo o una válvula que libera la corriente de aire.

Cómo producir el sonido esencial

El "zumbido" a través de la boquilla produce tu tono. El zumbido es una vibración rápida en el centro de los labios. Tu embocadura (se pronuncia am-ba-shur) es la posición de tu boca sobre la boquilla del instrumento. Una buena embocadura requiere tiempo y esfuerzo, así que sigue cuidadosamente estos pasos para tener éxito:

Vibración de los labios- zumbido

- Humedece tus labios.
- Junta los labios como si fueras a pronunciar la letra "m".
- Relaja la mandíbula para separar los dientes superiores e inferiores.
- Forma una ligera sonrisa fruncida para afirmar las comisuras de la boca.
- Dirige una corriente de aire firme por el centro de los labios para crear un zumbido.
- Practica el zumbido con frecuencia sin usar la boquilla.

Colocación de la boquilla

- Forma tu embocadura de "zumbido".
- Coloca la boquilla en el centro de tus labios. Tu profesor puede sugerirte una colocación ligeramente diferente.
- Inhala profundamente por las comisuras de la boca.
- Inicia el zumbido con la sílaba "ta". Produce el zumbido por el centro de los labios, manteniendo un zumbido constante y uniforme. Tus labios deben servir como amortiguador para la boquilla.

Cuidando tu instrumento

Antes de volver a colocar el instrumento en el estuche después de tocarlo, haga lo siguiente:

- Usa la llave de agua para vaciar el agua del instrumento. Sopla aire a través de él.
- Remueve la boquilla. Una vez a la semana, lava la boquilla con agua tibia del grifo. Sécalo completamente.
- Limpia el instrumento con un paño limpio. Guarda el instrumento en su estuche.

Las válvulas de Barítono necesitan aceite especial ocasionalmente.Para aplicar aceite a su baritono:

- Desenrosque la válvula en la parte superior de la carcasa.
- Levante la válvula hasta la mitad de la carcasa.
- Aplique unas gotas de aceite especial para válvulas a la válvula expuesta.
- Vuelva a colocar la válvula en su carcasa con cuidado. Una vez insertada correctamente, la parte superior de la válvula debería volver a enroscarse fácilmente.

Asegura también engrasar las diapositivas regularmente. Tu director te recomendará el aceite para válvulas y la grasa para diapositivas, y te ayudará a aplicarlos cuando sea necesario

Entrenamiento con boquilla

Forma la embocadura alrededor de la boquilla y respira profundamente sin levantar los hombros. Susurra "ta" y exhala gradualmente toda tu corriente de aire. Esfuérzate por tener un tono uniforme. Consulte la portada interior para obtener información sobre cómo acceder a los videos instructivos.

Reuniéndolo todo 

Paso 1 Apoya el barítono sobre tu regazo de modo que la campana quede apuntando hacia arriba y el receptor de la boquilla apunte hacia ti.

Paso 2 Gira con cuidado la boquilla hacia la derecha dentro del receptor de la boquilla.

Paso 3 Coloca el pulgar derecho en el anillo para el pulgar. Apoya las yemas de los dedos sobre las válvulas, manteniendo la muñeca recta. Tus dedos deben curvarse de manera natural.

Paso 4 Coloca tu mano izquierda en la tercera bomba (slide) o en el tubo junto a ella. Levanta el instrumento hacia ti.

Paso 5 Asegúrate de poder alcanzar la boquilla cómodamente. Sostén el barítono como se muestra:

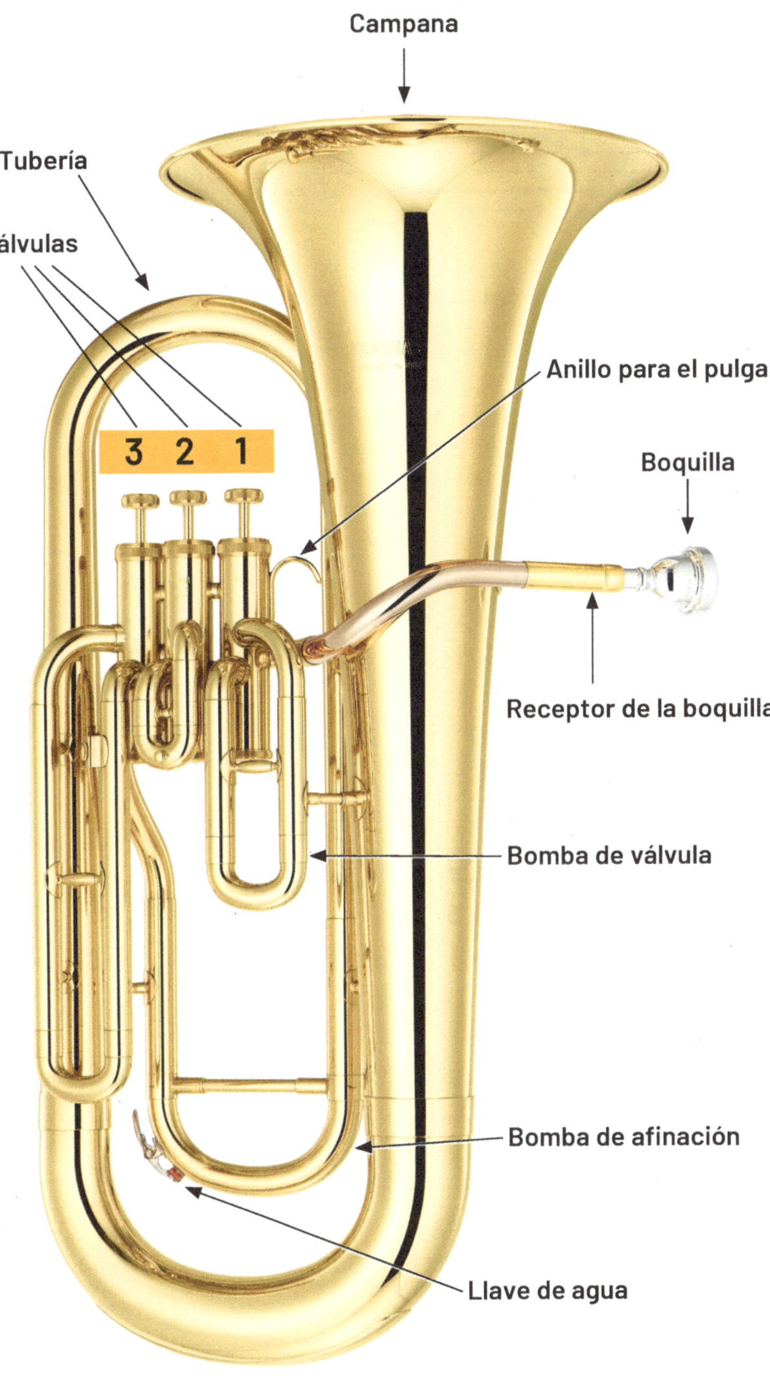

Estudiante que se muestra es miembro de la Orquesta Sinfónica Juvenil de Milwaukee.

LECTURA DE MÚSICA

Identifica y dibuja cada uno de estos símbolos:

Pentagrama

El Pentagrama de Música tiene 5 líneas y 4 espacios donde se escriben notas y silencios.

Lineas adicionales

Las líneas adicionales amplían el pentagrama musical. Las notas en las líneas adicionales pueden estar por encima o por debajo del pentagrama.

Compases y lineas divisoras

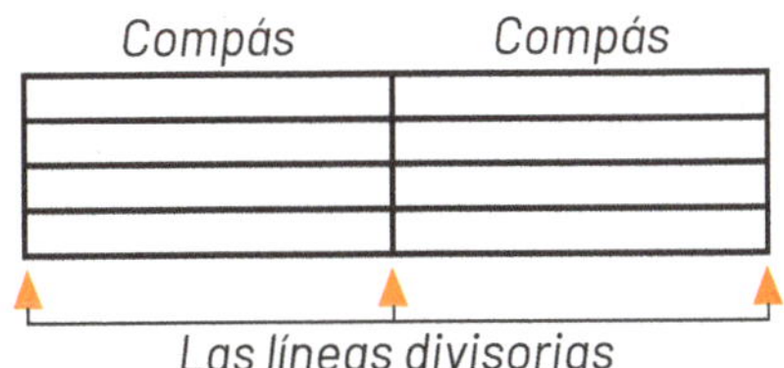

Las líneas divisorias dividen el pentagrama musical en compases.

Clarificación: La palabra compás también se refiere a la fracción numérica que aparece al principio de una canción para indicar cuantos pulsos se encuentran en un compás (el espacio entre las lineas divisoras), pero ese concepto será explicado con mas detalle después en este libro.

 *Consulta el interior de la portada para obtener información sobre cómo acceder a los videos instructivos.*

Tono largo ○———▶

Para empezar, usaremos una nota especial de "Tono Largo". Mantén el tono hasta que tu profesor te diga que descanses. Practica tonos largos todos los días para desarrollar tu sonido.

1. La primera nota

Mantén cada tono largo hasta que tu profesor(a) te diga que descanses

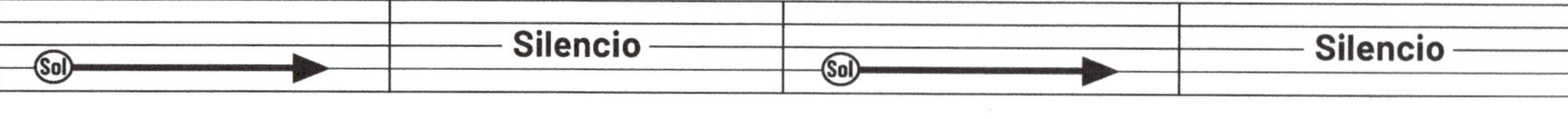

*El "Sol" se toca con **las válvulas abiertas**. Solo apoya los dedos ligeramente sobre las válvulas.*

El Ritmo

El **ritmo** es el pulso de la música y, como los latidos del corazón, debe permanecer muy constante. Contando en voz alta y dando golpecitos con los pies nos ayuda a mantener un ritmo constante. Golpea suavemente con el pie hacia **abajo** cada número y hacia **arriba** en cada "y."

Un pulso = 1 y
↓ ↑

Notas y Silencios

Las **notas** nos dicen cuales tonos tocan (alto o bajo) dependiendo en donde aparecen en el pentagrama musical, y también nos dice que duración darles dependiendo en su forma (negra, blanca redonda, etc.). Los **silencios** indican la duración de descanso.

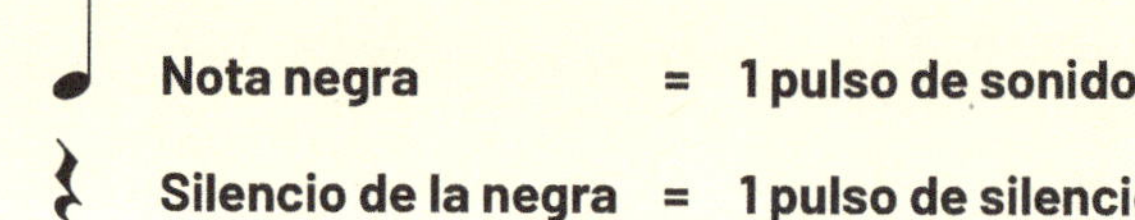

Nota negra = 1 pulso de sonido

Silencio de la negra = 1 pulso de silencio

2. Cuenta y toca

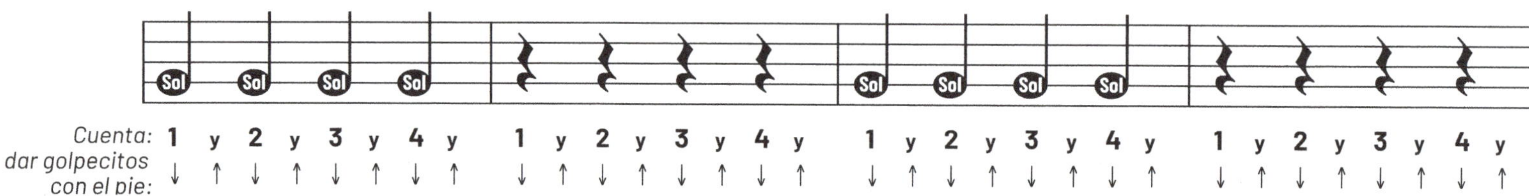

3. Una nota nueva

Busca el diagrama de digitación debajo de cada nueva nota.

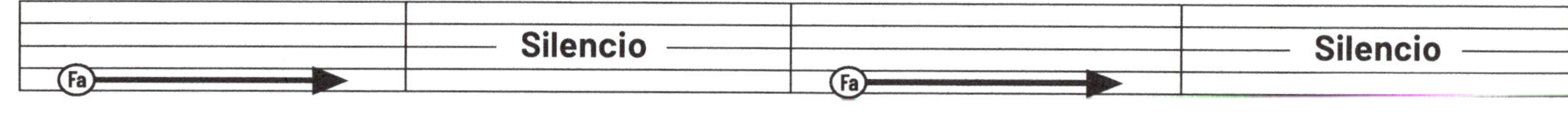

*Los círculos negros te indican qué válvulas presionar. La nota "Fa" se toca con la **primera válvula**.*

4. Dos son un equipo

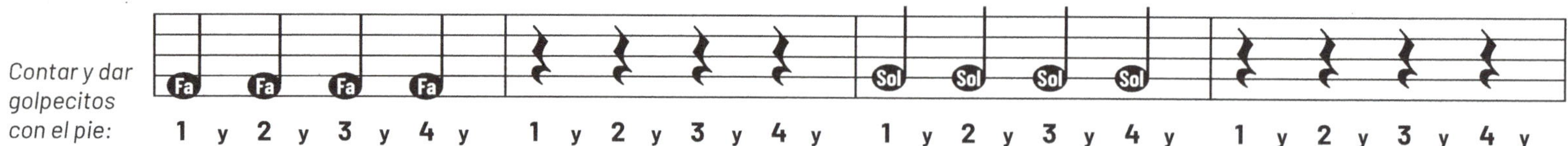

5. Hacia abajo

Practica tonos largos sobre cada nota nueva.

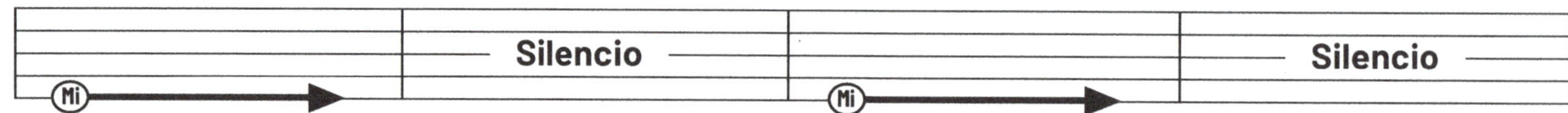

6. Avanzando hacia arriba

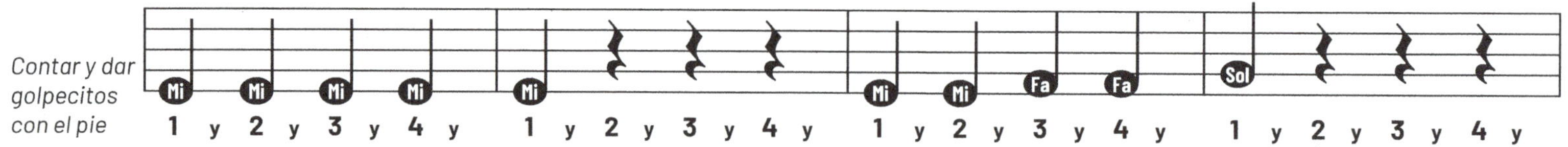

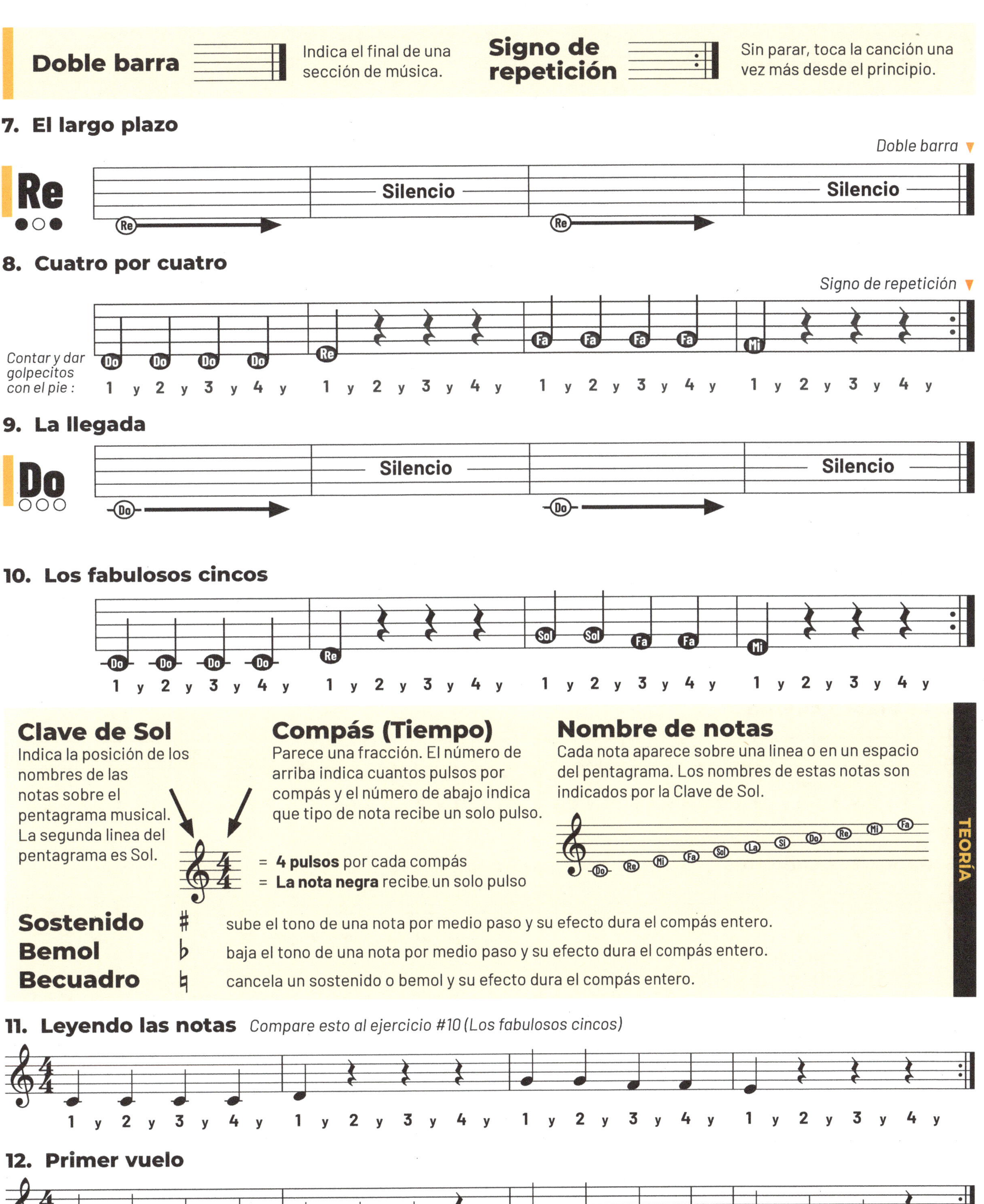

13. Essential Elements: Prueba *Escribe los nombres de las notas que faltan antes de empezar a tocar.*

Do Re Mi

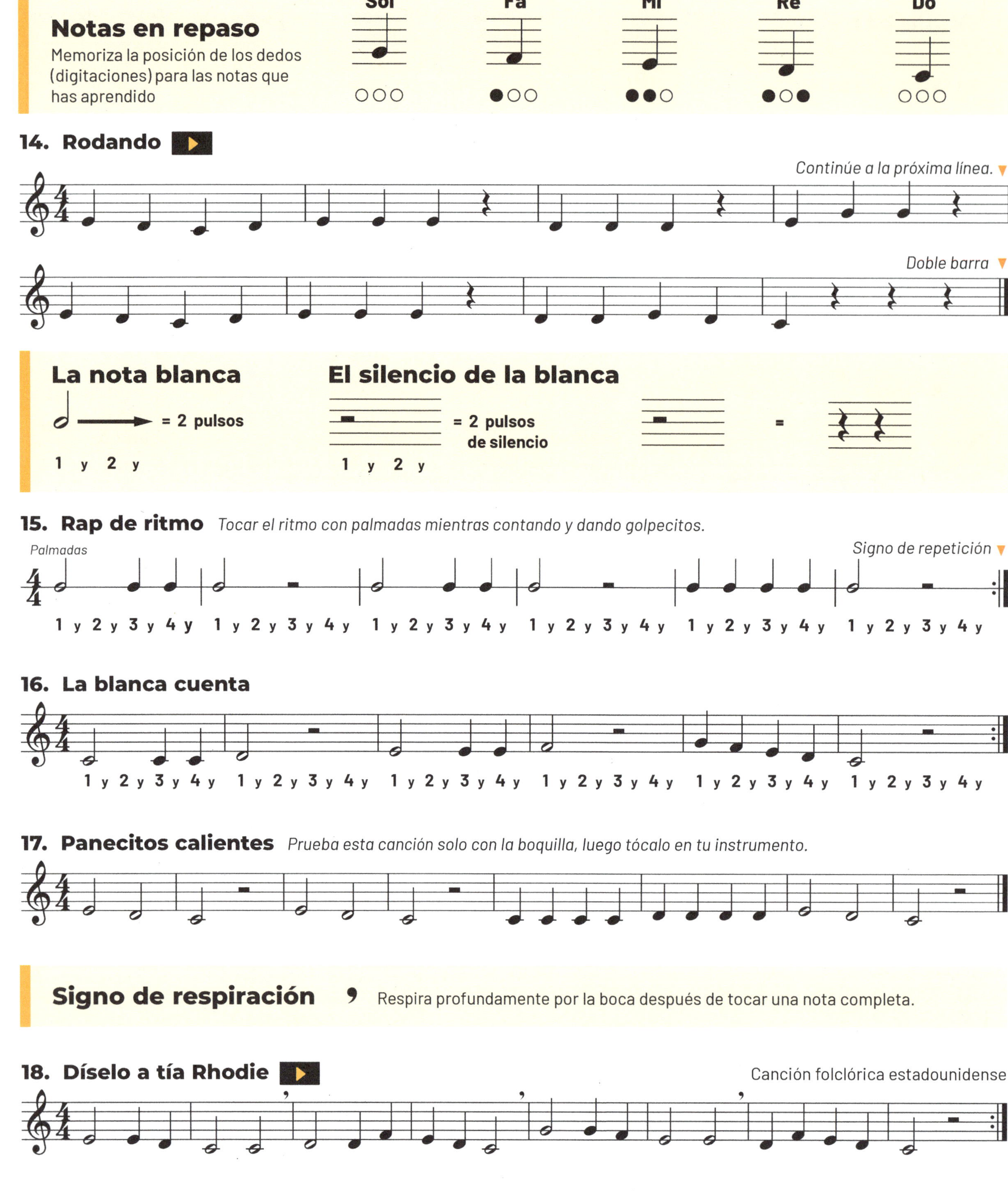

19. Essential Elements: Prueba

Usando los nombres de las notas y los ritmos que aparecen debajo, dibuja tus notas en el pentagrama antes de empezar a tocar.

Fa Sol Fa Mi Fa Mi Re Do Re Mi Fa Mi Fa

La nota redonda

= 4 pulsos

1 y 2 y 3 y 4 y

El silencio de la redonda

= Un compás entero de silencio

1 y 2 y 3 y 4 y

El silencio de la redonda

aparece suspendido de una línea del pentagrama

El silencio de la Blanca

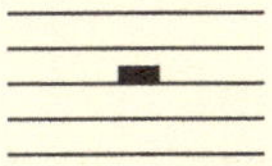

aparece suspendido de una línea del pentagrama

20. Rap de ritmo *Tocar el ritmo con palmadas mientras contando y dando golpecitos.*

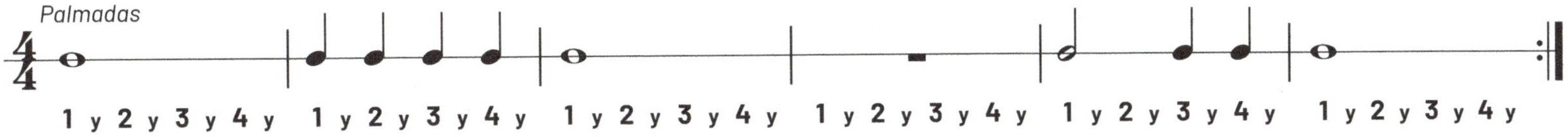

Palmadas

1 y 2 y 3 y 4 y   1 y 2 y 3 y 4 y   1 y 2 y 3 y 4 y   1 y 2 y 3 y 4 y   1 y 2 y 3 y 4 y   1 y 2 y 3 y 4 y

21. La redonda entera

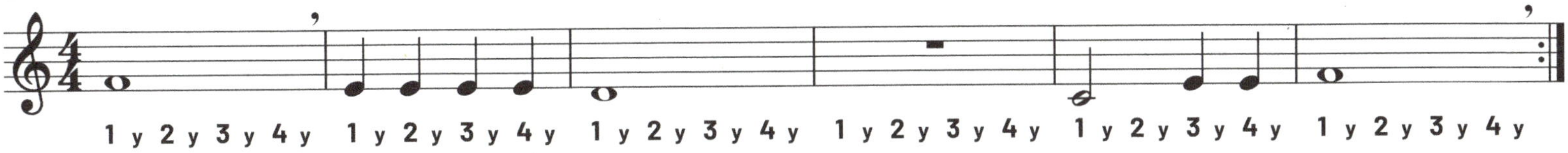

1 y 2 y 3 y 4 y   1 y 2 y 3 y 4 y   1 y 2 y 3 y 4 y   1 y 2 y 3 y 4 y   1 y 2 y 3 y 4 y   1 y 2 y 3 y 4 y

Dúo

Una composición con dos tocados juntos diferentes.

22. Decisión dividida – dùo

Armadura

La armadura de clave nos indica qué notas tocar con sostenidos (♯) o bemoles (♭) a lo largo de la música. Tu armadura de clave indica la tonalidad de Do mayor (sin sostenidos ni bemoles).

TEORÍA

23. Pasos de marcha

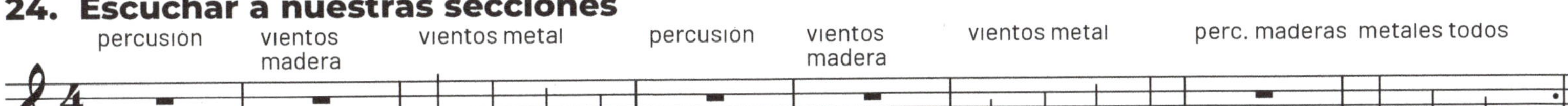

24. Escuchar a nuestras secciones

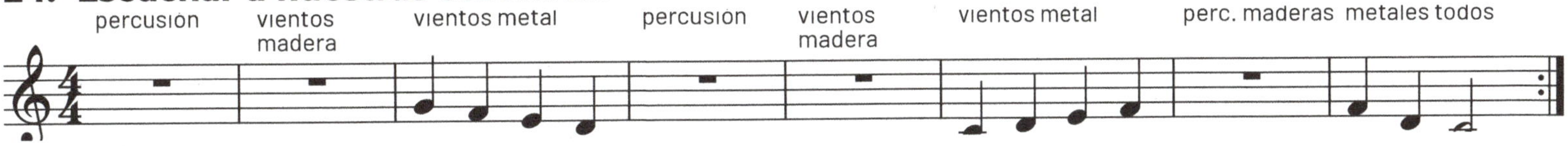

percusion | vientos madera | vientos metal | percusion | vientos madera | vientos metal | perc. maderas metales todos

25. Suavemente rema

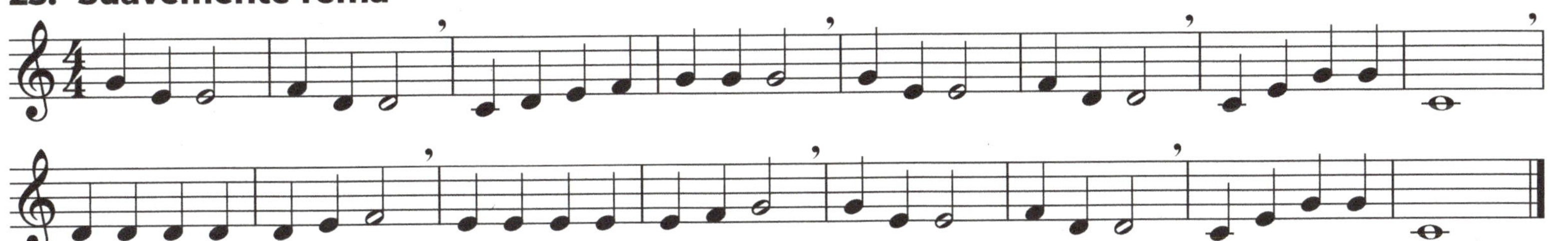

26. Essential Elements: Prueba *Dibuja las líneas que dividen cada compás antes de empezar a tocar.*

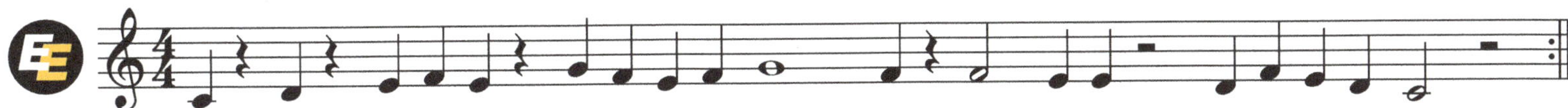

Calderón 𝄐 Sostener la nota (o silencio) por más tiempo que lo normal.

27. Llegando más alto – nota nueva

Practica tonos largos sobre cada nota nueva.

28. El claro de la luna

Canción folclórica francesa

29. Remezcla

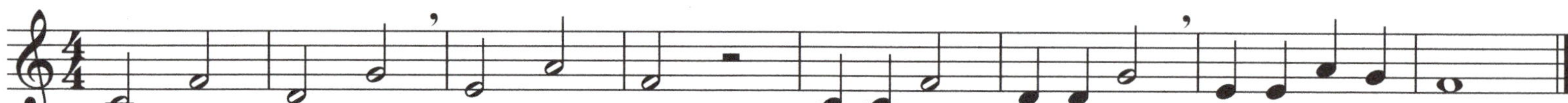

TEORÍA

Armonía Dos o más notas tocadas juntas; Cada combinación forma un *acorde*.

30. El puente de Londres – dúo

Canción folclórica inglesa

HISTORIA

Compositor Austriaco **Wolfgang Amadeus Mozart** (1756–1791) fué un niño prodigio quien empezó tocando música profesionalmente a los seis años y vivió durante el tiempo de la revolución americana. La música de Mozart es muy melódica e imaginativa. Escribió mas de 600 composiciones durante su corta vida, incluyendo una pieza para el piano basado en la famosa canción, "Twinkle, Twinkle, Little Star."

31. Una melodía de Mozart

Adaptación

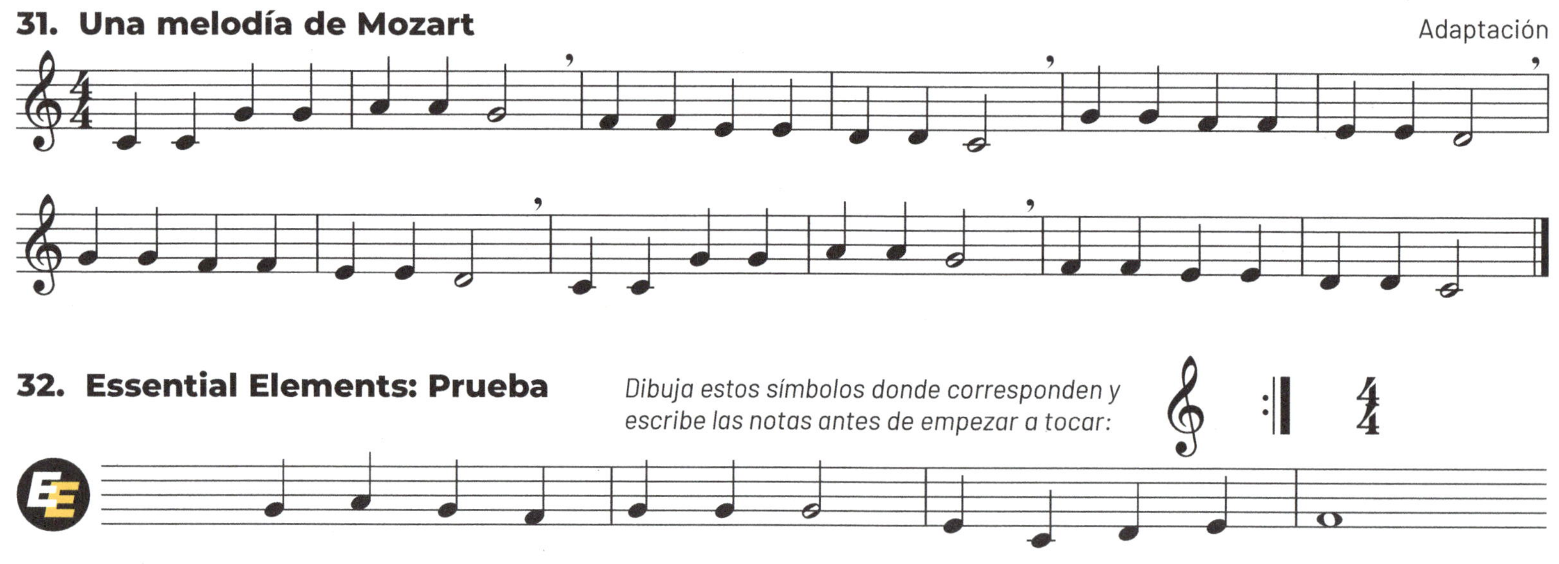

32. Essential Elements: Prueba

Dibuja estos símbolos donde corresponden y escribe las notas antes de empezar a tocar:

33. Bolsillos profundos – nota nueva

34. "Doodle" todo el día

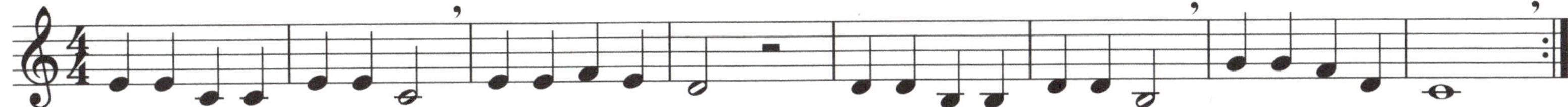

35. Brinca soga

Notas preparatorias

Una o más nota(s) que vienen antes del primer compás *completo*.
Los pulsos de las notas preparatorias son removidos del último compás.

36. A-tisket, a-tasket

Indicadores de dinámicas

f – *forte* (tocar fuertemente) ***mf*** – *mezzo forte* (tocar en volumen nivel mediana)
p – *piano* (tocar suavemente)
Recuerda usar soporte de respiración completo para controlar tu tono en todos niveles dinámicas

37. Fuerte y suave

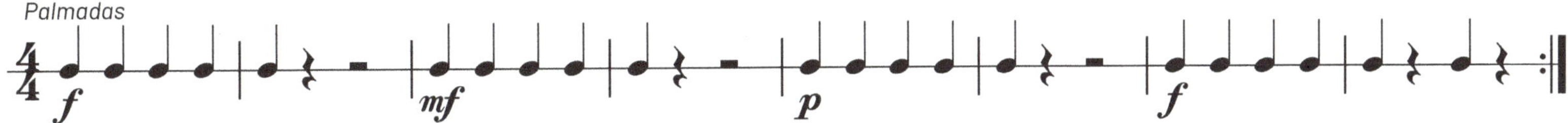

38. Cascabeles *También practica la música nueva solo en tu boquilla.*

J. S. Pierpont

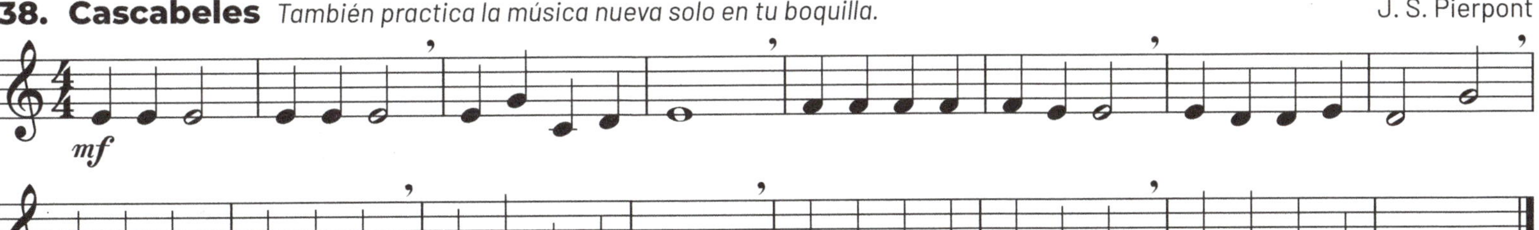

39. Mi dreydl *Utilice soporte completo de respiración en cada nivel dinámica.*

Canción tradicional de Hanukkah

Notas Corcheas

Cada nota corchea= 1/2 pulso
Dos notas corcheas= 1 pulso
Tocar una nota en cada mitad del pulso (el golpe en el piso y hacia arriba)

Dos o más notas corcheas son conectadas por una viga horizontal que atraviesa las plicas.

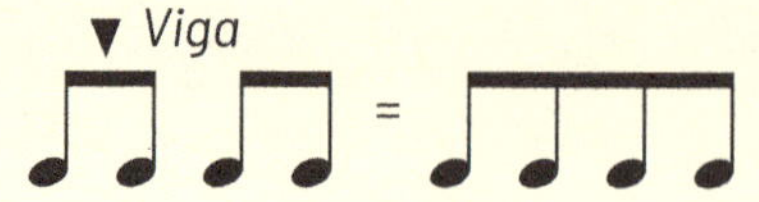

40. Rap de ritmo *Tocar el ritmo con palmadas mientras contando y dando golpecitos.*

Palmadas

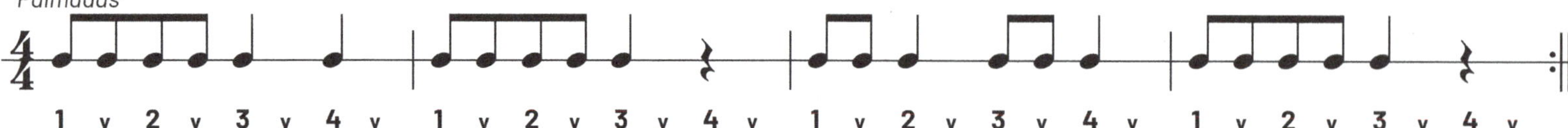

41. "Jam" de corcheas

42. Saltar hacia mi Luis

Canción folclórica estadounidense

43. Hace mucho, mucho tiempo *Una buena postura mejora tu tono. Siempre siéntate derecho/a.*

44. Rock de Montaña Caramelo

HISTORIA

Compositor Italiano **Gioachino Rossini** (1792–1868) empezó a escribir música en su adolescencia y era muy competente tocando el piano, la viola y el corno. Rossini compuso "William Tell" a los 37 años como su último de sus 40 óperas, y su tema familiar se oye todavía en televisión y radio.

45. Essential Elements: Prueba – William Tell

Gioachino Rossini

mf *f*

TEORÍA

Compás de 2/4

= **2 pulsos** por cada compás
= **Nota negra** vale 1 pulso

Dirigiendo

Practica dirigir este patrón de dos pulsos

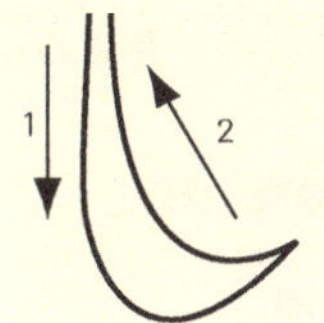

46. Ritmo rap

Palmadas

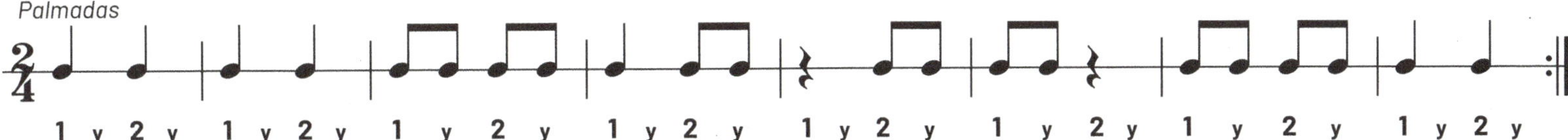

47. De dos en dos

Indicadores de tempo

"Tempo" es la velocidad de la música. Marcas de tempo generalmente se escriben sobre el pentagrama, en italiano.
Allegro – Tempo rápido **Moderato** – Tempo mediana **Andante** – Ritmo de marcha o caminar más lento

48. Marcha de cadetes secundarios

John Philip Sousa

49. ¡Oye! Nadie esta en casa

Dinámicas

Crescendo (gradualmente aumentando el volumen)

Decrescendo* o *Diminuendo (gradualmente reduciendo el volumen)

50. Toca las dinámicas con palmadas

Palmadas

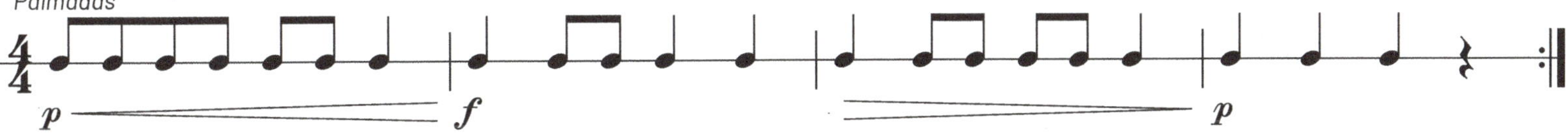

51. Toca las dinámicas

¿Buscas más música divertida para tocar? Consulte la portada interior para obtener instrucciones sobre cómo acceder a las canciones adicionales populares y recientes.

RENDIMIENTO DESCATADO

52. Calentamientos

Estudio de ritmo

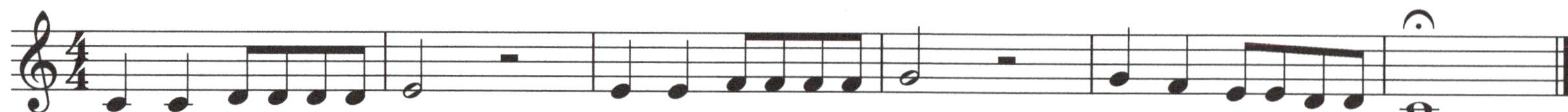

Rap de ritmo

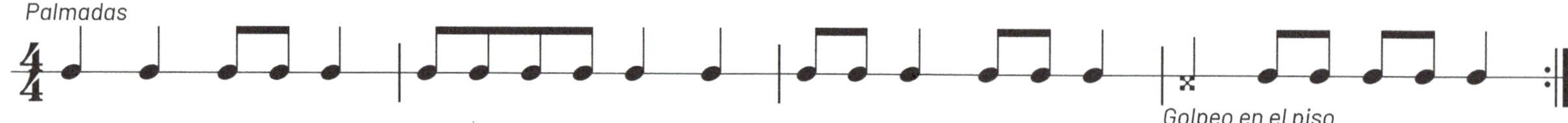

Coral

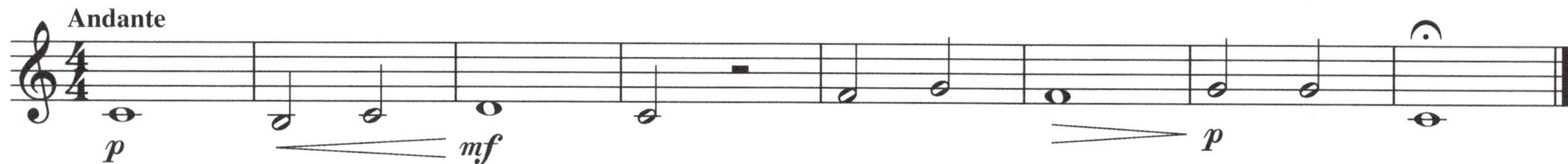

53. Aura Lee – dúo o arreglo para banda

(Parte A = Melodia, Parte B = Armonia)

George R. Poulton

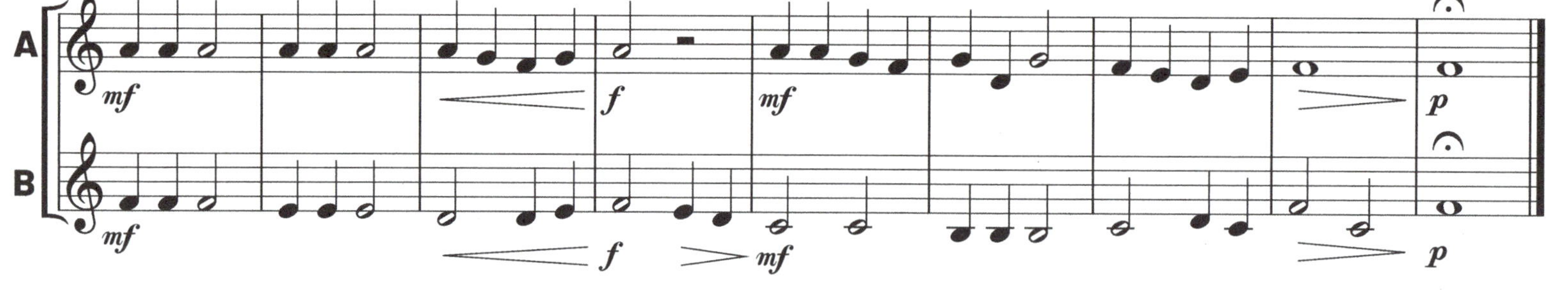

Canción folclórica francesa

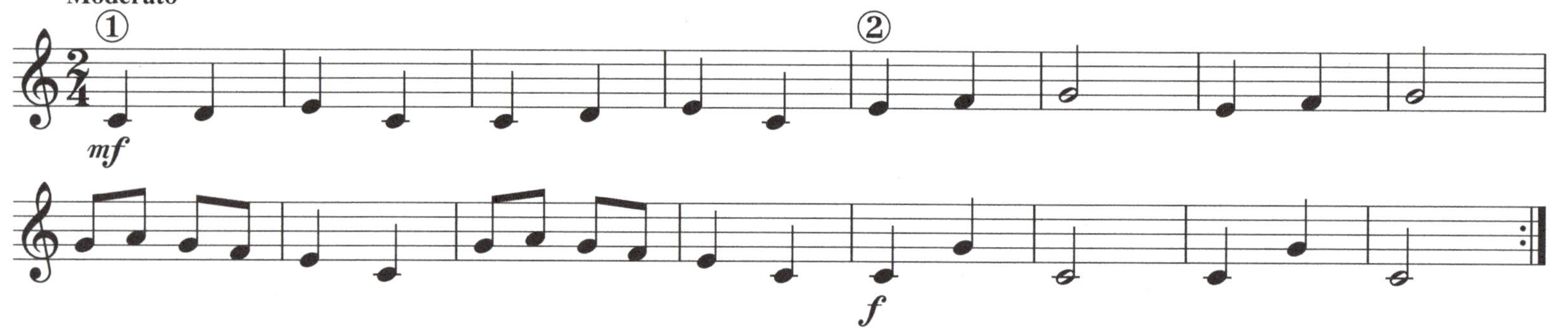

RENDIMIENTO DESCATADO

Ligadura

Una línea curva que conecta notas del mismo tono.
Toca una nota durante el tiempo total de las notas.

59. Listo para ser ligados

60. Alouette

Canción folclórica francocanadiense

Nota blanca con puntillo

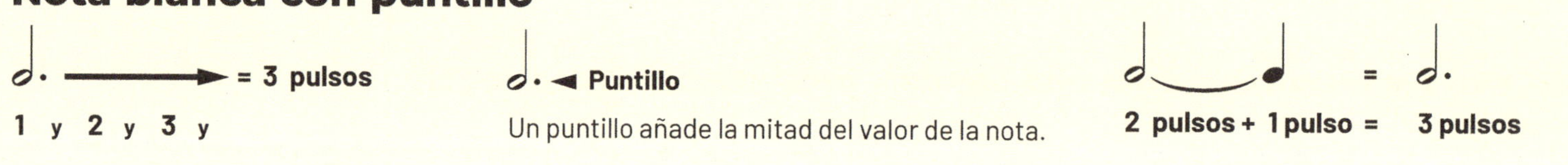

Un puntillo añade la mitad del valor de la nota.

61. Alouette – la secuela

Canción folclórica francocanadiense

62. Está lloviendo

63. Rumbos nuevos

64. Los nobles

Utiliza siempre la corriente de aire completa. Mantén los dedos sobre las válvulas, arqueados de forma natural.

65. Essential Elements: Prueba

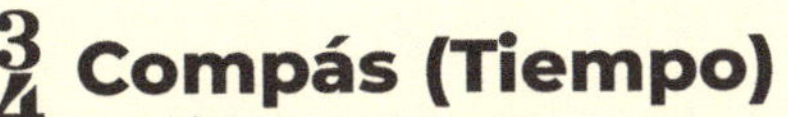

3/4 Compás (Tiempo)

= **3 pulsos** por cada compás
= **Nota Negra** recibe un pulso

Dirigiendo

Practica dirigir esta patrón de 3 pulsos

TEORÍA

66. Ritmo rap

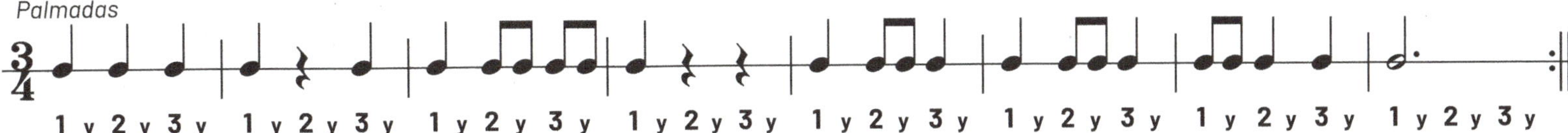

67. Jam de tres pulsos

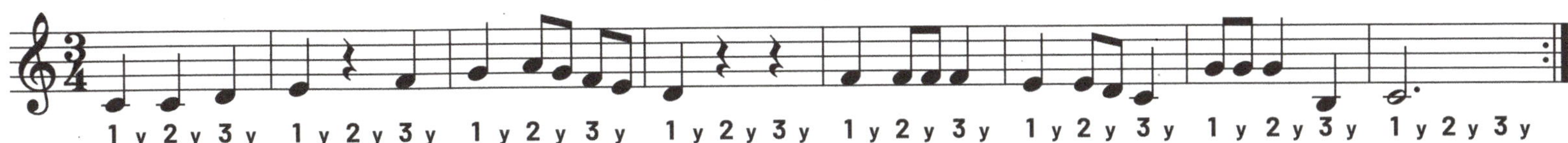

68. Barcarolle

Jacques Offenbach

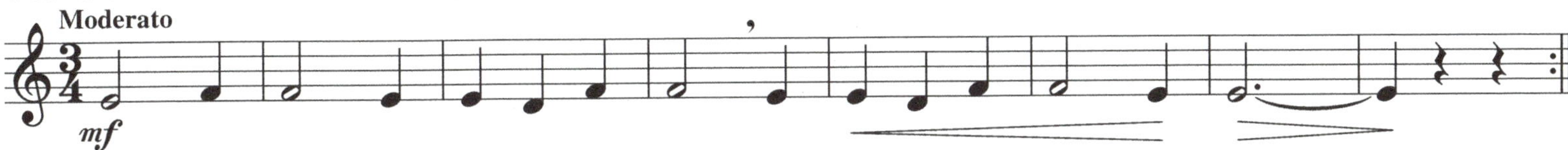

El compositor noruego **Edvard Grieg** (1843-1907) escribió *Peer Gynt Suite* para una obra de teatro de Henrik Ibsen en 1875, un año antes de que el teléfono fue inventado por Alexander Graham Bell. "Morning" es una melodía de *Peer Gynt Suite*. La música utilizada en obras de teatro o películas se denomina **música incidental**.

HISTORIA

69. Mañana (Peer Gynt)

Edvard Grieg

Signo de acentuación

Enfatiza la nota.

70. Acentúa tu talento

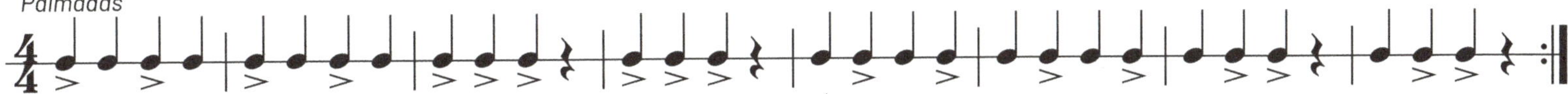

La música latinoamericana tiene sus raíces en las culturas africana, nativa americana, española y portuguesa. Esta diversa música se caracteriza por vibrantes acompañamientos de tambores y otros instrumentos de percusión como maracas y claves. La música latinoamericana continúa influyendo la música de jazz, clásica y los estilos populares. "Chiapanecas" es una popular canción infantil de baile y juego.

HISTORIA

71. Chiapanecas

Canción folclórica latinoamericana

72. Creatividad Esencial

Compone tu propia música para los compases 3 y 4 utilizando este ritmo:

TEORÍA

Alteración

Cualquier signo sostenido, bemol o natural que aparece en la música sin estar en la armadura se llama una **alteración**.

Bemol ♭

Un **bemol** baja el tono de una nota por medio tono. La nota Si bemol suena medio tono por debajo de Si, y todas las notas Si se convierten en Si bemol durante el resto del compás donde aparecen.

73. Panecitos calientes – nota nueva

74. Baile cosaca

75. Blues básico – nota nueva

TEORÍA

Armadura Nueva

Esta Armadura indica la clave de Fa – Toca cada Si (B) como Si bemol (B♭).

Primeras y Segundas Terminaciones

Toca la sección repetida hasta el final de la Primera Terminación. Repite la sección indicada, omitiendo la Primera Terminación y saltando a la Segunda Terminación.

76. Altos vuelos

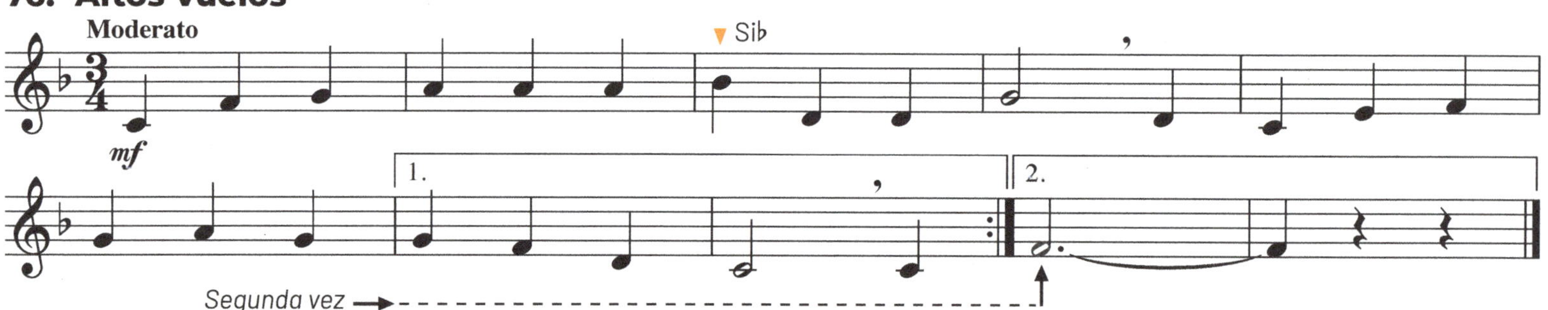

HISTORIA

La **música folclórica japonesa** en actualidad tiene sus orígenes en la antigua China. "Sakura, Sakura" se interpretaba con instrumentos como el **koto**, un instrumento de 13 cuerdas con más de 4000 años de antigüedad, y también con el **shakuhachi** o flauta de bambú. El sonido único de esta antigua melodía japonesa se debe a la secuencia pentatónica (o secuencia de cinco notas) utilizada en este sistema tonal.

77. Sakura, sakura – arreglo de banda

Canción folclórica japonesa
Arr. por John Higgins

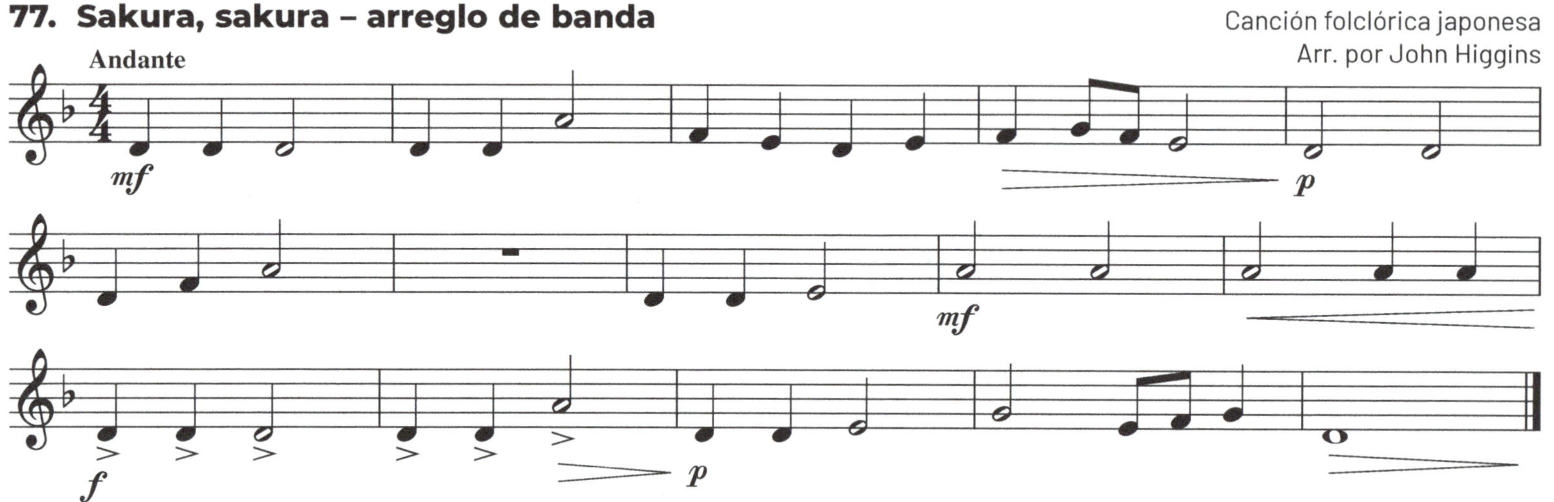

78. Sobre la azotéa

79. Alegre viejo San Nicolas – dúo

Consulte la página 9 para música navideña adicional, Mi dreydl y Cascabeles.

80. La gran corriente de aire – nota nueva

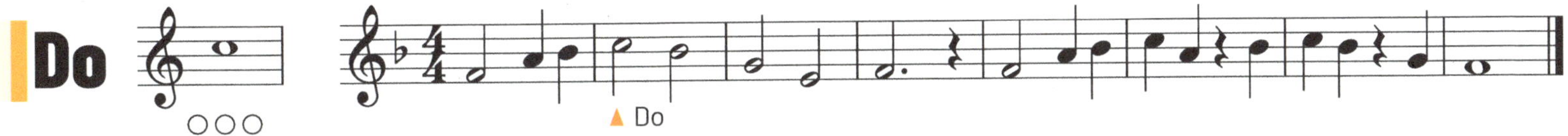

81. Tema de vals (Vals de la viuda alegre)

Franz Lehar

82. Tiempo de aire

83. Allá por la estación

84. Essential Elements: Prueba

85. Creatividad Esencial *Usando estas notas, improvisa tus propios ritmos:*

DESARROLLADOR DE TONO *Entrenamientos para tono y técnica*

86. Desarrollador de tono *Utilice un flujo de aire constante*

87. Desarrollador de ritmo

88. Ejercicios de técnica

89. Coral *adaptado de la Cantata 147*

Johann Sebastian Bach

Tema y variación

TEORÍA

Una forma musical que presenta un **tema** o melodía principal, seguido por **variaciones** o versiones alteradas del tema.

90. Variaciones sobre un tema conocido

D.C. al Fine

En el **D.C. al fine** toca de nuevo desde el principio, deteniéndose en **fine**.

D.C. es la abreviación para **Da Capo** o "al principio" y **fine** significa el final.

91. Canción del barco banana

Canción folclórica caribeña

Sostenido ♯

TEORÍA

Un signo de **sostenido** eleva el tono de una nota medio paso. La nota Fa sostenido suena medio paso por encima de Fa, y todos los Fa se convierten en Fa sostenido durante el resto del compás en que aparecen.

92. Filo de navaja – nota nueva

93. La caja de música

HISTORIA

Las canciones **espirituales afroamericanas** se originaron en los 1700's a mediados del período de la esclavitud en Estados Unidos. Una de las categorías más grandes de la auténtica música folclórica estadounidense, estas canciones, principalmente religiosas, se cantaron y se transmitieron de generación en generación sin ser escritas. La primera colección de espirituales se publicó en 1867, cuatro años después de la promulgación de la Proclamación de Emancipación.

94. Ezekiel vió la rueda

Canción espiritual africana-americana

Ligadura

Una línea curva que conecta notas de diferente altura.
Articular solo la primera nota de una **ligadura**.

95. Operador hábil

96. Deslizando

HISTORIA

El **ragtime** es un estilo musical norteamericano popular desde la década de 1890 hasta la primera guerra mundial. Esta forma temprana de jazz dio fama a pianistas como "Jelly Roll" Morton y Scott Joplin, autores de "The Entertainer" y "Maple Leaf Rag". Sorprendentemente, el estilo se incorporó a algunas obras orquestales de Igor Stravinsky y Claude Debussy. Los trombones ahora aprenden a tocar el glissando, una técnica utilizada en el ragtime y otros estilos musicales.

97. Rag de trombón

98. Essential Elements: Prueba

99. Tomar la delantera – nota nueva

TEORÍA

Frase

Una "oración" musical que comúnmente tiene 2 o 4 compases.
Trata de tocar **una** frase completa con una sola respiración.

100. El viento frío

101. Fraseología *Escribe los signos de respiración (,) entre las frases.*

TEORÍA

Armadura nueva

Tono de Sol: toca todos los Fa como Fa sostenido.

Silencios de compases multiples

El número sobre en pentagrama indica cuantos compases completos requieren silencio. Contar cada compás de silencio en secuencia:

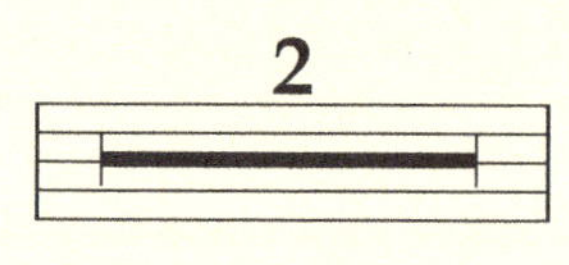

102. Latin Satinado

HISTORIA

El compositor alemán **Johann Sebastian Bach** (1685–1750) fue parte de una gran familia de músicos famosos y se convirtió en el compositor más reconocido de la época barroca. Comenzando como miembro del coro, Bach pronto se convirtió en organista, profesor y compositor prolífico, que escribió más de 600 *obras* maestras. Este Minueto, o danza en compás de 3/4, fue escrita como una pieza didáctica para su uso con una forma temprana del piano.

103. Minuet – dúo

Johann Sebastian Bach

104. Creatividad Esencial

Esta melodía se puede tocar en 3/4 o 4/4. Dibuja a lápiz cualquiera de las dos compases, dibuja las líneas divisorias y toca la canción. Ahora borra las líneas divisorias y prueba con el otro compás. ¿Suenan diferentes las frases?

Becuadro ♮

Un **becuadro** cancela un bemol o un sostenido y permanece en efecto durante todo el compás.

TEORÍA

105. Naturalmente

El compositor austriaco **Franz Peter Schubert** (1797–1828) vivió una vida más corta que cualquier otro gran compositor, pero creó una increíble cantidad de música: más de 600 canciones artísticas (música de concierto para voz y acompañamiento), diez sinfonías, música de cámara, óperas, obras corales y piezas para piano. Su "Marcha militar" fue originalmente un dúo de piano.

HISTORIA

106. Marcha militar

Franz Schubert

107. La zona plana – nota nueva

108. Encima de viejo Smokey

Canción folclórica estadounidense

El boogie-woogie es un estilo de **blues**, y fue grabado por primera vez por el pianista Clarence "Pine Top" Smith en 1928, un año después del vuelo en solitario de Charles Lindbergh a través del Atlántico. La música blues, como una forma de jazz, presenta notas alteradas y generalmente se escribe en versos de 12 compases, como "Boogie del bajo de abajo".

HISTORIA

109. Boogie del bajo de abajo – dúo

Notas negras con puntillo y corcheas
= 2 pulsos
1 y 2 y
Un **punto** añade la mitad del valor de la negra.
1 y 2 y
Una sola **corchea** tiene una **bandera** en la plica.
110. Rap de ritmo
Palmadas
1 y 2 y 3 y 4 y
111. El punto siempre cuenta
112. Toda la noche
Fine
D.C. al Fine
mf
p
113. Chabolas de mar
Utiliza siempre la corriente de aire completa.
Canción folclórica inglesa
Moderato
f
mf
114. La feria de Scarborough
Canción folclórica inglesa
Andante
115. Rap de ritmo
Palmadas
116. El cambio de rumbo
117. Essential Elements: Prueba – Auld lang syne
Canción folclórica escocesa
Andante
Revisa el ritmo

RENDIMIENTO DESTACADO

Solo con Acompañamiento de Piano

Puedes realizar este solo con o sin un pianista acompañante. Tócalo para la banda, la escuela o tu familia. Este pasaje forma parte de la **Sinfonía #9 ("Del Mundo Nuevo")** del compositor checo **Antonin Dvorák** (1841-1904). Él escribió la obra mientras visitaba Estados Unidos en 1893, y se inspiró para incluir melodías de canciones folclóricas y espirituales estadounidenses. Este es el tema Largo (o "tempo muy lento").

118. Tema de "Sinfonía del nuevo mundo"

Antonin Dvorák

Ejercicio especial de barítono: deslizamientos de labios

Los deslizamientos de labios son notas que se tocan ligadas sin cambiar las válvulas. Los músicos de metales practican esto para desarrollar un flujo de aire más fuerte y la embocadura, y para aumentar el rango. Añade este patrón a tus ejercicios de calentamiento diarios.

Los grandes músicos animan a sus compañeros intérpretes. En esta página, los clarinetistas aprenden el registro superior de sus instrumentos en los "Saltos de gorila granadilla" (llamado así por la madera de granadilla utilizada para hacer clarinetes). Los músicos de instrumentos metales aprenden las ligaduras de labios, un nuevo patrón de calentamiento. El éxito de tu banda depende del esfuerzo y el estímulo de todos.

119. Salto de gorila granadilla n.º 1

120. Saltando arriba y abajo

121. Salto de gorila granadilla n.º 2

122. Saltando con alegría

123. Salto de gorila granadilla n.º 3

124. Saltos de tijera

TEORÍA

Intervalo

La distancia entre dos tonos es un **intervalo**. Comenzando con "1" en la nota más baja, cuenta cada línea y espacio entre las notas. El número de la nota más alta es la distancia del intervalo.

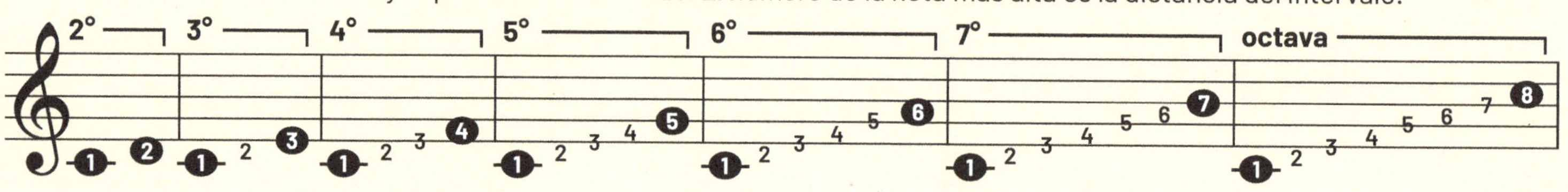

125. Essential Elements: Prueba

Escribe los números de los intervalos, contando hacia arriba desde las notas más bajas.

Canciones adicionales están disponibles en línea. Consulte la portada interior para obtener más detalles.

126. Salto de gorila granadilla n.° 4

127. Tres es la cuenta

128. Salto de gorila granadilla n.° 5

129. Ejercicios de técnica

130. Cruzando – nota nueva

Trío Un **trío** es una composición con tres partes tocadas juntas.
Practica este trío con otros dos músicos y escucha la armonía a 3 voces.

131. Kum bah yah – trío *Compruebe siempre la armadura*

Canción folclórica africana

Signos de Repetición

Repite la sección de música encerrada por los **signos de repetición**. (Si se usan terminaciones 1ª y 2ª, se tocan como de costumbre, pero se vuelve a la primera señal de repetición, no al principio).

132. Michael rema el bote hasta la orilla

Canción folclórica africana

Andante

mf

1. 2.

133. Vals austríaco

Canción folclórica austriaco

Moderato

f

134. Bahía botánica

Canción folclórica australiano

Allegro

mf *f* *mf*

TEORÍA

C Compás

C = **Tiempo común** (igual a $\frac{4}{4}$)

Dirigiendo

Practica dirigir este patrón de cuatro pulsos

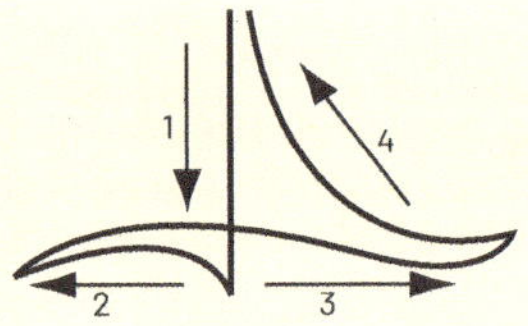

1 2 3 4

135. Ejercicios de técnica

Practica este ejercicio en todos los niveles dinámicos.

136. Finlandia

Jean Sibelius

Andante

p *mf* *p*

1. 2.

137. Creatividad Esencial

Crea tus propias variaciones dibujando un punto y una bandera para cambiar el ritmo de cualquier compás de ♩ ♩ *a* ♩. ♪

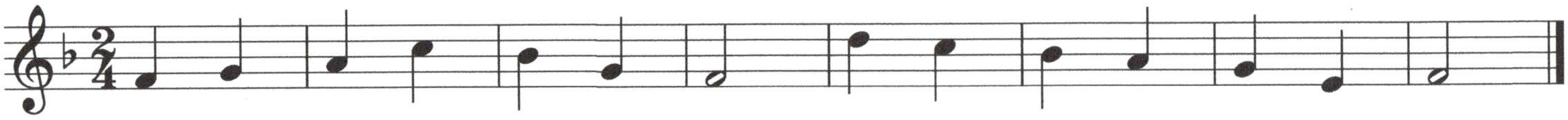

138. Saltos fáciles de gorila

139. Ejercicios de técnica *Compruebe siempre la armadura.*

140. Otro ejercicio de técnica

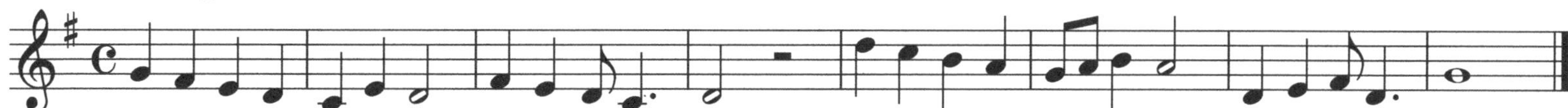

141. Canción alemana folclórica

142. Cuando los santos vuelven a marchar James Black y Katherine Purvis

143. Paseo de los gorila de tierra-baja

144. Navegación tranquila

145. Más saltos de gorila

146. Cobertura total

TEORÍA

Escala

Una **escala** es una secuencia de notas en orden ascendente o descendente. Como una "escalera" musical, cada peldaño es la siguiente nota consecutiva de la tonalidad. Esta escala está en tu tonalidad de Do (sin sostenidos ni bemoles), por lo que la nota más alta y la más baja son ambas Do. El intervalo entre los Do es una octava.

147. Escala de Si bemol (Baritono - escala de Do)

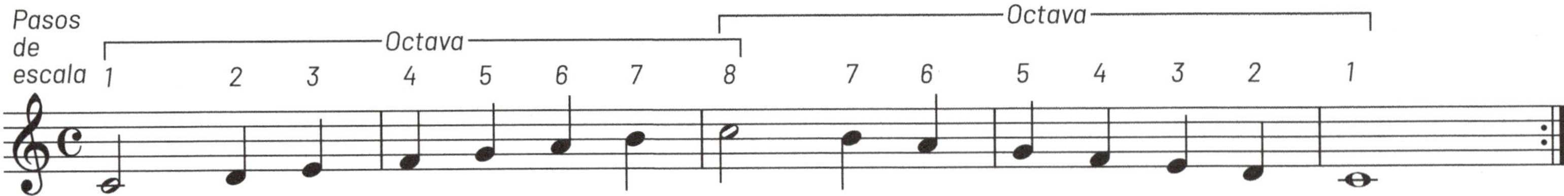

TEORÍA

Acorde y Arpegios

Cuando dos o más notas se tocan juntas, forman un acorde o armonía. Este acorde de Do se construye a partir de los pasos 1º, 3º y 5º de la escala de Do (C). El octavo paso es el mismo que el 1º, pero es una octava más alta. Un arpegio es un acorde "fragmentado" cuyas notas se tocan individualmente.

148. En armonía

Divida las notas de los acordes entre los miembros de la banda y tóquenlos juntos. ¿Suena el arpegio como un acorde?

149. Escala y arpegio

HISTORIA

El compositor austriaco **Franz Josef Haydn** (1732-1809) escribió 104 sinfonías. Muchas de estas obras tenían apodos e incluían efectos brillantes y únicos para su época. *Su sinfonía N.º 94* fue llamada "La sinfonía sorpresa" porque el suave segundo movimiento incluía una dinámica repentina y fuerte, destinada a despertar a un público a menudo adormecido. Presta atención especial a la dinámica cuando toques este famoso tema.

150. Tema de la Sinfonía sorpresa

Franz Josef Haydn

151. Essential Elements: Prueba – Las calles de Laredo

Canción folclórica estadounidense

Escribe los nombres de las notas antes de tocar

RENDIMIENTO DESCATADO

152. Espíritu escolar – arreglo de banda

W.T. Purdy
Arr. por John Higgins

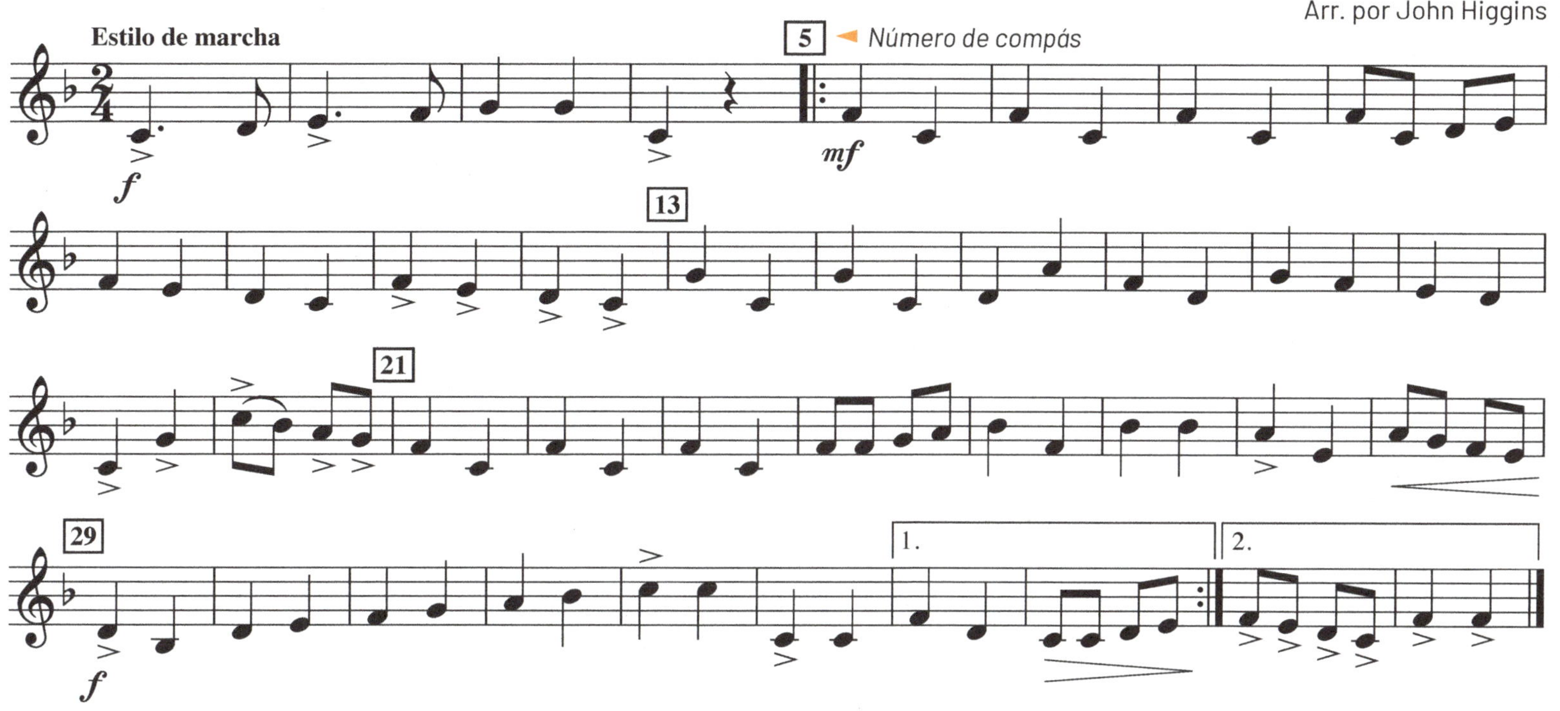

Soli

Mientras tocando música indicado como **Soli**, eres parte de un "solo" para un grupo entero. Escucha cuidadosamente durante "Carnaval de Venezia" e identifica el nombre de los instrumentos que tocan la parte del Soli en cada compás indicada.

153. Carnaval de Venezia – arreglo de banda

Julius Benedict
Arr. por John Higgins

Allegro

Soli

fin del Soli

CALENTAMIENTOS DIARIOS

EJERCICIOS PARA TONO Y TÉCNICA

154. Desarrollador de registro y flexibilidad

155. Ejercicios de técnica

156. Coral

Johann Sebastian Bach

HISTORIA

La melodía tradicional hebrea "Hatikvah" ha sido el himno nacional de Israel desde el inicio de la nación. En la declaración de estado de 1948, fue cantada por la asamblea reunida durante la ceremonia de apertura y fue interpretada por miembros de la Orquesta Sinfónica de Palestina al concluir.

157. Hatikvah

Himno nacional israelí

Nota corchea y silencio de corchea

♪ = 1/2 pulso de sonido
𝄾 = 1/2 pulso de silencio

158. Rap de ritmo

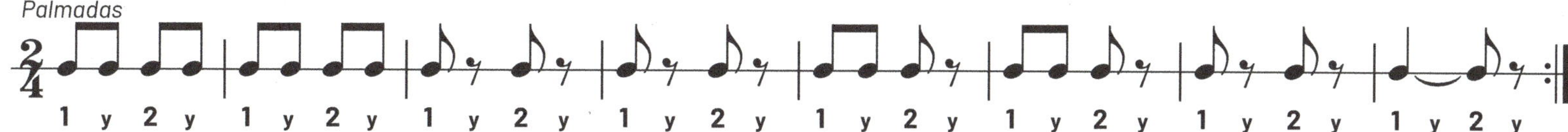

159. Marcha de corcheas

160. Minuet

Johann Sebastian Bach

161. Rap de ritmo

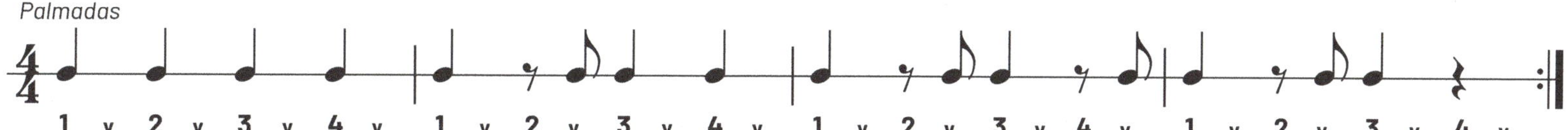

162. Corcheas después del pulso

163. Corcheas revueltas

164. Essential Elements: Prueba

165. Melodía de baile – nota nueva

HISTORIA

El compositor y director de orquesta estadounidense **John Phillip Sousa** (1854-1892) escribió 136 marchas. Conocido como "El rey de la marcha". Sousa escribió *The Stars and Stripes Forever, Semper Fidelis, The Washington Post* y muchas otras obras patrióticas. La banda de Sousa tocó en todo el país, y su fama ayudó aumentar la popularidad de las bandas en Estados Unidos. Aquí hay una melodía de su famosa opereta y marcha *El capitán*:

166. El capitán

John Philip Sousa

HISTORIA

O Canadá, anteriormente conocido como "la canción nacional", se representó por primera vez en el año 1880 en el Canadá Francés. Robert Stanley Weir tradujo la versión ingles en el año 1908, pero la canción no fue adoptada como el himno nacional de Canadá hasta el año 1980, cien años después de su estreno.

167. O Canadá

Calixa Lavallee,
l'Hon. Judge Routhier y Justice R.S. Weir

168. Essential Elements: Prueba – Meter mania

Contar y palmadas antes de tocar. ¿Puedes dirigir esto?

Enarmónicos

Dos notas que están escritas de manera diferente, pero suenan igual (y tocadas con la misma digitación) se llaman **enarmónicas**. La tabla de digitación de las páginas 46 y 47 muestra las digitaciones de las notas enarmónicas de tu instrumento.

En el teclado de un piano, cada tecla negra es a la vez un bemol y un sostenido.

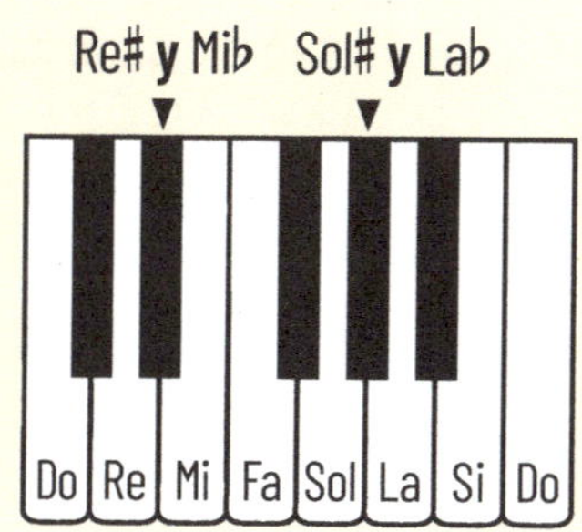

TEORÍA

169. Encantador de serpientes

Las notas enarmónicas usan la misma digitación.

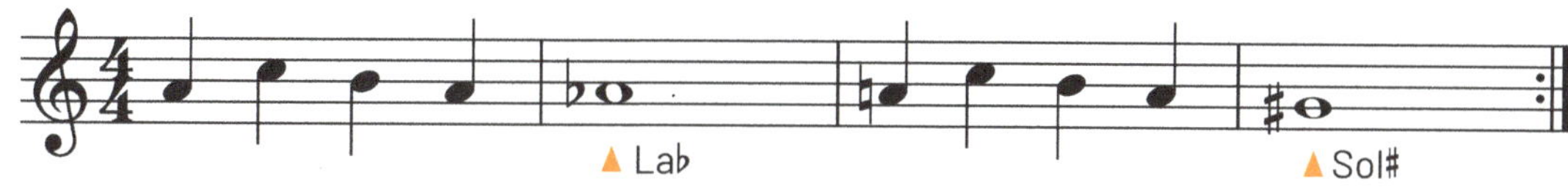

170. Sombras oscuras

171. Encuentros cercanos

Las notas enarmónicas usan la misma digitación.

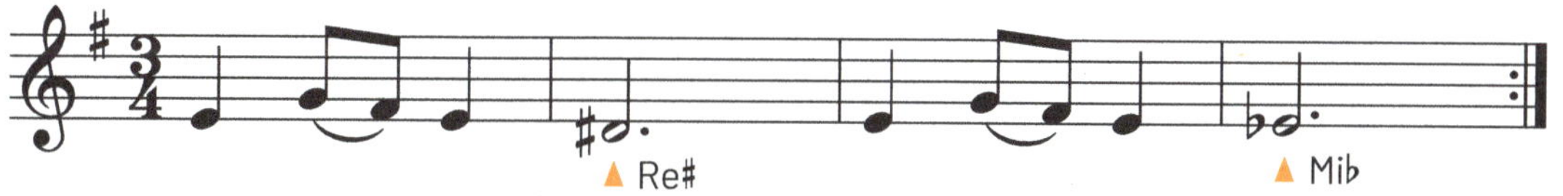

172. March slav

173. Notas disfrazadas

Notas cromáticas

Las **notas cromáticas** se alteran con sostenidos, bemoles y signos naturales que no están en la armadura. La distancia más pequeña entre dos notas es un semitono, y una escala formada por semitonos consecutivos se denomina **escala cromática**.

TEORÍA

174. Paseando en medio-pasos

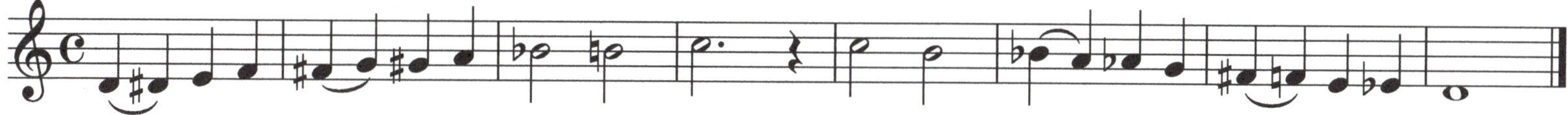

HISTORIA

El compositor francés **Camille Saint-Saëns** (1835-1921) escribió música para prácticamente todos los medios: óperas, suites, sinfonías y obras de cámara. La "Danza egipcia" es uno de los temas principales de *su famosa ópera* Sansón y Dalila. La ópera fue escrita el mismo año en que Thomas Edison inventó el fonógrafo, 1877.

175. Danza egipcia *Esté atento a los enarmónicos.*

Camille Saint-Saëns

176. Barco de luna plata

Canción folclórica

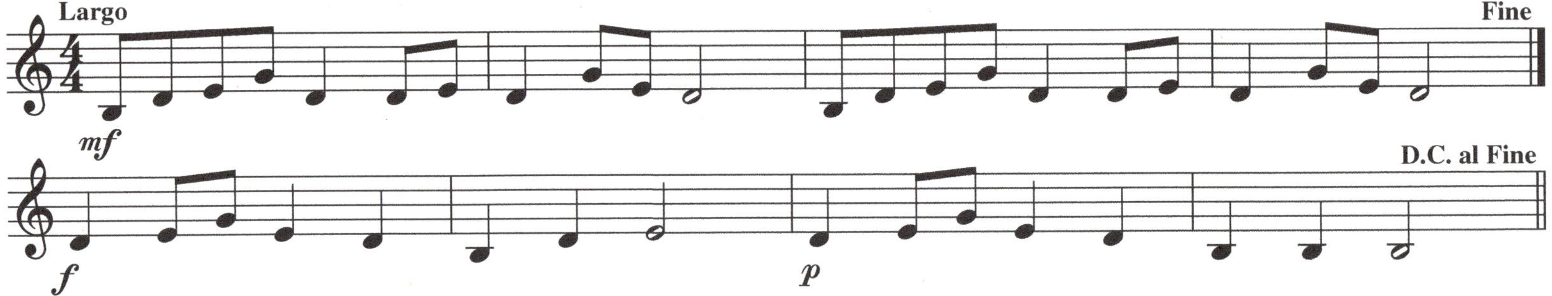

HISTORIA

El compositor alemán **Ludwig van Beethoven** (1770-1827) es considerado uno de los más grandes compositores del mundo, a pesar de quedar completamente sordo en 1802. Aunque no podía escuchar su música de la manera en que nosotros podemos, podía "escucharla" en su mente. Como testimonio de su grandeza, su *Sinfonía n.º 9* (p. 13) se interpretó como final de la ceremonia que celebró la reunificación de Alemania en 1990. Este es el tema de su *Sinfonía n.º 7*, segundo movimiento.

177. Tema de la Sinfonía n.° 7 – dúo

Ludwig van Beethoven

HISTORIA

El compositor ruso **Peter Ilyich Tchaikovsky** (1840-1893) escribió seis sinfonías y cientos de otras obras, entre ellas el ballet *El Cascanueces*. Fue un maestro en la composición de brillantes arreglos de música folclórica, y sus melodías originales se encuentran entre las más populares de todos los tiempos. Su *Obertura de 1812* y *Capriccio Italien* fueron escritas en 1880, un año después de que Thomas Edison desarrollara la bombilla eléctrica.

Canciones adicionales están disponibles en línea. Consulte la portada interior para obtener más detalles.

RENDIMIENTO DESCATADO

RENDIMIENTO DESCATADO

184. Tema de la Obertura de 1812 – arreglo de banda

Peter Ilyich Tchaikovsky
Arr. por John Higgins

RENDIMIENTO DESCATADO

Solo con Acompañamiento de piano

Actuar frente a una audiencia es una parte emocionante de participar en la música. Este solo está basado en la *Sinfonía n.º 1* del compositor alemán **Johannes Brahms** (1833-1897). Él completó su primera sinfonía en 1876, el mismo año en que Alexander Graham Bell inventó el teléfono. Tú y un acompañante al piano pueden interpretarlo para la banda o en otros eventos escolares y comunitarios.

185. Tema de Sinfonía n.º 1 – Solo *(version de Mi-bemol)*

Johannes Brahms
Arr. por John Higgins

DÚOS

Esta es una oportunidad para reunirse con un amigo y disfrutar tocando música. El otro estudiante no tiene que tocar el mismo instrumento que tú. Intenta que coincidan exactamente con respeto al ritmo, las notas y la calidad del tono. Eventualmente, puede comenzar a sonar como si las dos partes están siendo interpretadas por una sola persona! Más tarde, intente intercambiar las partes.

186. Baja suave, dulce carroza – Dúo

Canción espiritual africana-americana

187. La bamba – Dúo

Canción folclórica mexicana

ESTUDIOS DE ESCALA Y ARPEGIOS DE RUBANK

Barítono Clave de Do (Si bemol en concierto)

1.

2.

3.

4.

Barítono Clave de Fa (Mi bemol en concierto) *En esta armadura de clave, toca todos los si bemoles.*

1.

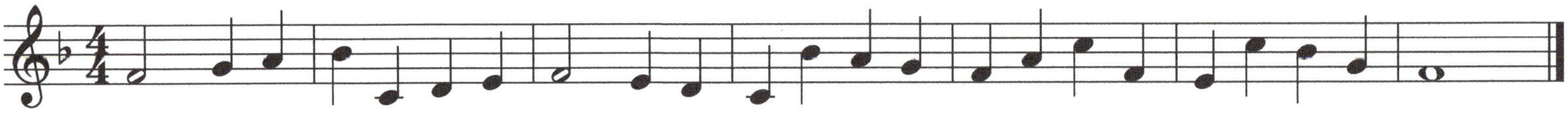

2.

3.

4.

ESTUDIOS DE ESCALA Y ARPEGIOS DE RUBANK

ESTUDIOS DE RITMO

ESTUDIOS DE RITMO

CREANDO MÚSICA

TEORÍA

Composición

Composición es el arte de crear música original. Usualmente empieza creando una melodía que consiste de varias **frases**, como breves oraciones musicales. Algunas melodías tienen frases que parecen responderle a las frases que parecen presentar una pregunta, como en las obra de Beethoven *"Ode To Joy"*. Toca esta melodía y escucha como las frases 2 y 4 dan respuestas un poco variadas a la misma pregunta (frase 1 y 3).

1. Oda a la alegría

Ludwig van Beethoven

2. P. y R. *Escribe tu propia frase de "respuesta" en esta melodía*

3. Desarolladores de frases *Escribe 4 frases diferentes usando los ritmos debajo de cada pentagrama.*

4. Créa su proprio título: ____________________

Escoge la frase A, B, C o D de arriba y escríbela como la "Pregunta" para las frases 1 y 3 debajo.
Luego escribe 2 respuestas diferentes para las frases 2 y 4.

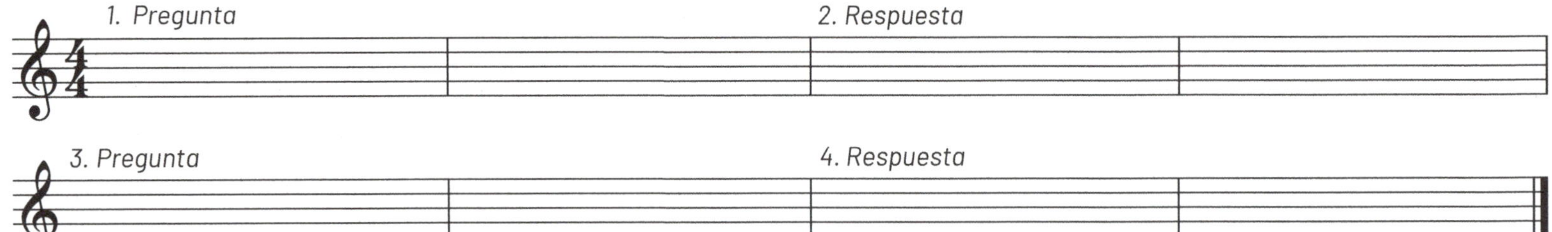

TEORÍA

Improvisación

La improvisación es el arte de crear libremente tu propia melodía mientras tocas. Usa estas notas para tocar tu propia melodía (Línea A), para tocar con el acompañamiento (Línea B).

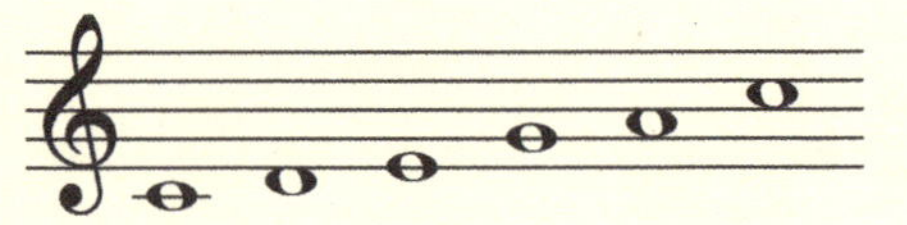

5. Melodía instante

Puedes marcar tu progreso a través del libro en esta página.
Rellena las estrellas según las instrucciones del director de la banda.

1. Página, 2-3 Los básicos
2. Página 5, EE prueba, n.º 13
3. Página 6, EE prueba, n.º 19
4. Página 7, EE prueba, n.º 26
5. Página 8, EE prueba, n.º 32
6. Página 10, EE prueba, n.º 45
7. Página 12-13, rendimiento destacado
8. Página 14, EE prueba, n.º 65
9. Página 15, creatividad esencial, n.º 72
10. Página 17, EE prueba, n.º 84
11. Página 17, creatividad esencial, n.º 85
12. Página 19, EE prueba, n.º 98
13. Página 20, creatividad esencial, n.º 104
14. Página 21, n.º 109
15. Página 22, EE prueba, n.º 117
16. Página 23, rendimiento destacado
17. Página 24, EE prueba, n.º 125
18. Página 26, creatividad esencial
19, Página 28, n.º 149
20. Página 28, EE prueba, n.º 151
21. Página 29, rendimiento destacado
22. Página 31, EE prueba, n.º 164
23. Página 32, EE prueba, n.º 168
24. Página 33, n.º 174
25. Página 35, EE prueba, n.º 181
26. Página 36, rendimiento destacado
27. Página 37, rendimiento destacado
28. Página 38, rendimiento destacado

Música – un elemento esencial de la vida

TABLA DE DIGITACIONES BARÍTONO DE SOL

Cuidando tu instrumento

Antes de guardar tu instrumento en su estuche después de tocar, haz lo siguiente:

- Usa la llave de agua para vaciar el agua del instrumento. Sopla aire a través de él.
- Quita la boquilla. Una vez a la semana, lava la boquilla con agua tibia del grifo. Sécala completamente.
- Limpia el instrumento con un paño suave y limpio. Devuelve el instrumento a su estuche.

Las válvulas del barítono ocasionalmente necesitan aceite. Para aceitar las válvulas de tu barítono.

- Desenrosca la válvula en la parte superior de la carcasa.
- Levanta la válvula hasta la mitad fuera de la carcasa.
- Aplica unas gotas de aceite especial para válvulas de metal en la parte expuesta de la válvula.
- Regresa la válvula con cuidado a su carcasa. Cuando esté bien insertada, la parte superior de la válvula debería enroscarse fácilmente de nuevo en su lugar.

Asegúrate de engrasar las bombas regularmente. Tu director te recomendará una grasa especial para bombas y aceite para válvulas, y te ayudará a aplicarlos cuando sea necesario.

PRECAUCIÓN: Si una bomba, una válvula o tu boquilla se queda atorada, pide ayuda a tu director de banda o a un distribuidor de instrumentos musicales. Se deben usar herramientas especiales para evitar daños a tu instrumento.

Instrumentos y fotografías cortesía de Yamaha.

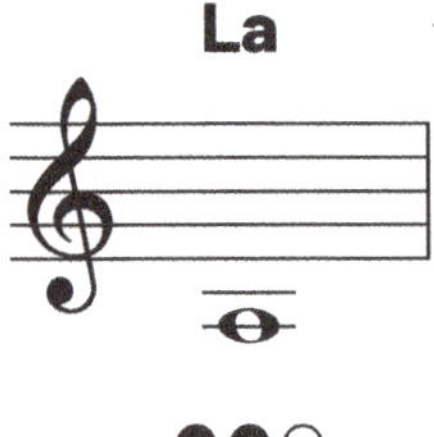

TABLA DE DIGITACIONES BARÍTONO DE SOL

Re

●○●

Re♯ Mi♭

○●●

Mi

●●○

Fa

●○○

Fa♯ Sol♭

○●○

Sol

○○○

Sol♯ La♭

○●●

La

●●○

La♯ Si♭

●○○

Si

○●○

Do

○○○

Do♯ Re♭

●●○

Re

●○○

Re♯ Mi♭

○●○

Mi

○○○

Fa

●○○

Fa♯ Sol♭

○●○

Sol

○○○

Sol♯ La♭

○●●

La

●●○

La♯ Si♭

●○○

Si

○●○

Do

○○○

Índice de referencia

Definiciones (páginas)

Compositores

Música del mundo